INV. RÉSERVE
Z 2,754

[Toulouse, Jean de Guerlins, vers 1518-1520]

Z 2122 (Réserve)
F 7

Le cuisinier Taillevent

Cy commence le liure du cuysinier Tailleuent.

Ensuyt le viandier pour appareiller toutes manieres de viandes que Tailleuent cuysinier du roy nostre sire fist tant pour appareiller bouilly cōme rosty: poissons de mer: de eaue doulce: saulces: espices et autres choses a ce cōuenables et necessaires cōme sera dit cy apres. Et premieremēt du premier chapitre.

¶ Brouet blanc de chappons: blanc māger a poisson: blāc brouet dalemaigne: salemine. brouet georget: graue de poisson: brouet de canelle a chair. Autre brouet a chair. Cretonnee a poix nouueaulx ou a feues: mesgre potaige: cretonnee despaigne: cretonnee a poisson: brouet vert a veau ou a poulaille: ciue de lieure: graue dalouettes τ descreuisses: chaudume a anguille et brochet: soupe a moustarde: trimolete de perdrix: simee a connilz. gibelet doyseaulx de riuiere: bouilly larde a connilz τ a poulaille: brouet rappe a veau: poulailleuenoison a souppes: cheureaulx souppes: venoison sanglier aux souppes: fournige daguilles faulx grenō froide: sausse rousse a poussins ou a veau viole: poussins τ veau: gelee a chair: vinaigrette: bāsac de lieure: oyes a la trahyson: riz arbaleste de poisson: brochetz: anguilles a la galētine: lard larde: mortelle: sobourot dz petis poussins: brouet de cailles: cresme frite: baricot brun: formaige de la teste dūg sāglier: espaule de moutō farcie: moule aux poussins farcis: esturgon a poisson et a chair: faisāt paōs armez: fayēnes telles potees de lan

gues de beufz. Et tetines de vaches: fraiches a poisson
leane benoiste: poulles farcis: irson damandes.

⁋ Oeufz frais rostis a la broche: vinee de chair: beurre frais frit en poille: coullis de chappons.

⁋ Autre coullis pour malades: coullis de poisson: or-
gemunde: paste en pot: galimafree: fricassee: paste de
beuf a saulce chaulde: pastez de veau: chappons en pa
ste: pastez de halebrans de chappôs: pastez de poulaille a la saulce robert: pastez de pigons: pastez de mouton a la cyboule: pastez de merles & de mauuis: pastez
de passereaulx: pastez de canes sauuages: pastez de cheureaulx: pastez doyson: pastez de coulombs ramiers:
pastez de perdrix: pastez de counilz pastez de lieure: de
venaisô: de serf de sâglier: pastez lorais: pastez de moel
le: pastez de mulet: pastez de brasme: pastez de truites:
pastez dâguille: pastez de congres de mer: pastez de tur
bot: pastez de rougetz: pastez de gournaulx: pastez da-
lose: pastez de saulmô: lemproye en paste: pastez de va
che: pastes de gigot de mouton.

⁋ Tartres couuertes communes: tartres descouuer-
tes: tartres a deux visaiges: daulphins: fleurs de lys: es
toille de cresme tous en sucre frais: belôs en facon du
coing farcy: tartre iacopine couuerte & oregee p dessus
tartre bourbonnoyse: tartres couuertes: talemose: tar
tre iacopine bien farcye: tartres de pommes: pastez de
poires crues.

⁋ Dariolles de cresme damandes: saulce cameline:
saulce madame: poetenine: iâce: saulce daulx: allee ro
seo: allee a la moustarde: saulce rapee: saupiquet sur
conilz ou sur autre rost: chaudume: sauce a lalose: sau
ce au moust: poeree: feues frasees: poreaulx: souppes a
loignon: pômes de choux: côcordes: pour ressaller tous

a ij

potages: pour oster arsure de tous potages: bouillatures: haricot de mouton: cheureau saulnage: sanglier frais cuit en eaue: chappons: veau aux herbes: cyne de veau rosty tout cuit.

¶ Potaiges lians.

¶ Chauldun de porc: cretonnee de pois nouueaulx: cretonnee de feues nouuelles côme de pois: de cretonnee de poulaille et les coulez auec amandes: puis prenez des espices grât foison: canelle: gingembre: clou de girofle z graine de paradis z soiêt broiez les espices et detrempees de vin vermeil z mettez sucre a foison dedans et lassaisonnez de sel ainsi q'l appartient.

¶ Pour celluy d poisson prenez carpe: brochet ou autre poisson z lescaillez z frisez et faictes ce bouillon côme celluy de chair fors quil soit de puree de pois z mettez pareille espice côme a celluy de chair z sucre côme a lautre et lassaisonnez comme lautre z bouillez vostre bouillon a part et le grain de lautre.

¶ Pour faire vne cretônee a poix nouueaulx ou a feues nouuelles ou le grain apres q y veult mettre veau ou cheureau z poussins par pieces. Cest le grain q appartient z le frire a saing de lard ou autre saing doulx lequel vo9 aurez laisement onql bouillon a mettre dessus côme ou laict le bouillir en vng pot ou en vne poillecet auoir moyeulx doeufz aliez: et quant il sera alie auoir du gingembre et le deffaire z bouter dedans et le gouster de sel ainsi quil appartient.

¶ Pour faire maigre le potaige prenez poix nouueaulx et feues nouuelles et pareil bouillon a celluy de chair. Et pour faire lieure aux oeufz pochez faictes la pareille côme celle mesme: fors quon ny met point a ce lieure de gingembre z lassaisonnez ainsi q'l appartiêt.

⁋ Pour faire salemine prenez brochetz carpes ou autre poisson qui y appartient et le frisez : et broyez amandes a toute lescorce deffaictes de puree de pois : et puis prenez semblablement espices comme au brouet dalemaigne les deffaictes de verius : et faictes bouillir vostre bouillon et mettez a part tant qͥl soit teͫps de dresser.

⁋ Pour faire brouet georget p̃nez veau : poulaille ou counil despecez par pieces et mettez reffaire et quant il sera reffait mettez la souffrire en vng peu de lard ou bouillon de beuf mettez de loignon mince bien menu et tout creu mettez souffrire avec le grain et du percil effueille parmy et mettez haller du pain et quant il sera bien halle mettez le tremper pour faire le bouillon en bouillon de beuf et mettez des foyes de poulailles pour couler avec le grain les espices qui sont avec cest canelle : gingembre : clou tout batu ensemble et deffaictes de verius et du saffran dedans pour donner couleur et mettez tout en vng pot et quant il sera temps le dresser en platz ou escuelles.

⁋ Pour faire graue de poisson de brochet : de carpe ou dautre poisson escaillez et frisez le poisson puis faictes haller du pain et le tremper en puree de pois et le coulez et y mettez de loignon trenche assez gros et mettez tout bouillir ensemble gingembre : canelle et menuz espices et les deffaictes de vin aigre et mettez vng petit de safran pour couleur.

⁋ Pour faire brouet de canelle a chair prenez veau : poulailles et espices et faictes reffaire : puis souffrisez vng peu de saing de lard et mettez aussi du bouillon de beuf : puis prenez des amandes broyez a toute lescorce et les deffaictes a tout le bouillon de beuf et prenez des foyes de poulaille cretonnee de amandes graue de me

a iij

nuz oyseaulx blanc brouet et chappons bon sat de lie
ure ou connilz:ciue de lieure:ciue de connilz.
⁊ Chapitre de rost.
⁊ Pour rosty au verius:veau rosty:fraise de veau:pi
geons menus oyseaulx:perdris:plouuiers:torterelles
paon:sygoigne:faysans:butors:cormorans: hairons:
malars de riuiere: pourcelet farcy: poulaille farcie:
pour larder grenō:gelee a poisson:saulce chaulde pou
les boches fromentee:gelee a poisson:pour cent platz
de gelee:lemproye fresche froide:saulce a chair:ris:an
guille:viandes et potaiges de karesme. Et premiere
ment de poisson cuyt en eaue:cyue de oistres: brochet
rosty fians:tartres.
⁊ Pour malade chaudeau flamant:coulis de perche
blanc manger de poisson de eaue doulce:lus: brochetz
vars:barbillōs:carpe:anguille fresche:lamproye a la
saulce chaulde:brasme:porc de mer:cornau'r: dodine
de laict sur oyseaulx de riuiere:saulce moulie: bābou
ler de sāglier:mouton rosty:cheureaulx et aygneaulx
oyes:poulailles:ronges:mornaulx frais:pluyes:soles
rayes:turbot:lymādes mollue fresche:seiches:barās.
⁊ Saulces non bouillies: cameline:saulce verte aux
aulx:camelins:aulx blancs:aulx vers aux barās frais
Sauces:poiure noire:poiure iaulne: saulce poiteuine
iance:saulce vert:verius vert:clare:ypocras.

⁊ Cy finist la table de ce liure

⁊ Cy commence le present liure
appelle Tailleuent.

Pour faire brou et blãc de chappõs z de pou
laille ou de veau il cõuient le bouillir z pren
dre le bouillon z mettre a part le bouillon z
plumez des amãdes les broyez z detrempez
du bouillon de la poulaille des chappons ou du veau
puis coulez les amandes p lestamine z prenez gingem
bre blanc par raison z le deffaictes de verius z de vin
blanc et mettez foison de sucre au bouillir z q̃l soit de
bon sel: z quãt il sera bouilly mettez le bouillõ en vng
beau pot a part z aussi le grain: cest le chappon: la pou
laille ou le veau: et au dresser mettez vostre grain en
vng plat en vostre bouillon.

¶ Pour faire blãc mãger a poisson de brochet: de per
che: ou dautre poisson anq̃l appartiẽt blanc mãger fai
ctes escailler z frisez a lhuylle ou au beurre: et prenez
amãdes z les faictes cõme dessus est dit et de puree de
pois mettez du vin blanc a les deffaire z du gingembre
blanc et deffaicte de verius z sucre tant q̃l en ait assez
z mettez tout a part ainsi cõme celluy de chair.

¶ Pour faire brouet vert prenez veau z poulle z met
tez p pieces faictes souffrire en sain de lard z bouillon
de beuf: z p̃nez percil a foison z le coulez auec moyeux
doeufz. z entregettez pain trempe ensemble pour lyer
auec le bouillon de beuf z les espices: gingẽbre batu z
vng peu de menues espices assemblez de verius.

¶ Pour brouet a poisson: prenez anguilles z les tron
sonnez z brochetõs escaillez tronsonnez bouilliz en pu
ree de poix z mettez herbes z verius cõme au chapitre
precedent z moyeux doeufz a faire bouillon a part.

¶ Pour brouet housse prenez veau z poulaille mis p
pieces z souffrisez en vng pot a sain de lard z bouillon
de beuf et prenez du pain trempe en bouillon de beuf

a iiij

et des foyes de poulailles et mettez cuire en vng pot a
part et du percil:du coq: de la mariolaine. de la toute
bõne et des moyeulx doeufz cuitz et coulez tout ensem
ble: et prenez du percil tout creu a grant foison broyez
coulez auec le bouillon et les espices au bouillir: cestaf
sauoir canelle: gingẽbre: graine de padis: clou de giro
fle et deffaictes de veri9 z mettez bouillir tout emsẽble

¶ Pour faire cyne de lieure soit pris vng lieure: veau
ou porc halle en la broche ou sur le gril et despecez et
mettez en vng pot z souffrisez en saing de lard z en cou
lon de beuf en vng pot prenez du pain et du foye et cou
lez et frisez de loignon en lard z le gettez dedans le pot
auec ce grain gettez le bouillõ quãt sera coule ce pain
et mettez tout ensemble en vng pot et les espices q̃ sen
suyuent: cestassauoir canelle: gingembre: graine de pa
radis: clou de girofle et noix muguette qui laura z des
faictes de vinaigre et mettez tout ensemble.

¶ Pour graue dalouettes: prenez alouettes et les fai
ctes ressaire souffrire et mettez veau au pot auec pour
en auoir le bronet meilleur: prenez du pain z le ballez
et le mettez trẽper en bouillon de beuf et trempez des
foyes auec le pain pour passer et quant sera passe vo9
mettrez tout ensemble dedans le pot canelle: gingem
bre et pouldre de menues espices deffaictes de verius.

¶ Pour graue descreuisses: prenez les escreuisses z les
cuisez et quant seront cuites et salees ainsi quil appar
tient vous les plumeres z mettrez les colz apart z les
frisez non pas fort z broyez les corps des escreuisses au
mortier: et des amandes tout ensemble et mettez canel
le: gingembre et menues espices et les deffaictes de ver
ius et les mettez bouillir tout ensemble et du sucre as
sez raisonnablemẽt z saler cõme il appartiẽt. Si vous

nauez assez grain prenez brochet et les mettez en lieu
descreuisses.

¶ Pour faire chaudume: prenez anguilles: brochetz
hallez sur le gril tronsonnez et mis en vne poille: ou en
vng pot et quant il sera halle prenez la puree et la mettez bouillir et ayez des foyes de brochetz et couler auec
et mettez gingembre dedans et du saffran pour dōner
couleur au chaudume et prenez du verius et du vin
pour mettre auec le chaudume tout faire bouillir ensemble et gouter de sel ainsi quil appartient.

¶ Pour faire de la souppe a la moustarde au iour de
poisson prenez des oeufz fris a lhuille ou au beurre
puis ayez de la pure moustarde: canelle: gingembre:
cloux et sucre raisonnablement coulez tout ensemble
et bouillez en vng pot et deffait de verius et gouter de
sel ainsi quil appartient: et mettez le bouillu a part.

¶ Pour la trimolete de perdrix: prenez perdrix et les
mettez rostir et quant les perdrix serōt rosties les souf
frisez en vng pot a sain de lard et du bouillon de beuf
puis de loignon frit bien menu et soit mis auec les autres espices et graine de paradis et du sucre par raison
et prenez du pain halle et des foyes de poulailles se en
ponez finer et les mettez tremper en bouillon de beuf
et coulez parmy lestamine et boutez dedans le pot a-
uec les perdrix et mettez ce quil appartient: il conuiēt
canelle: gingembre: menus espices: clouz: graine et def
faire de verius et de sel ainsi quil appartient.

¶ Pour simee mettez des connilz haller en la broche
ou sur le gril et despessez par pieces et mettez souffrire
en vng pot et du sain de lard et du bouillu de beuf pour
faire le bouillō: prenez du pain et des foyes se en ponez
finer et trempez en bouillon de beuf et coulez le pain

t les foyes et mettez dedãs le pot τ prenez gingẽbre: ca
nelle et menues espices τ les deffaictes de verius τ met
tez bouillir tout ensẽble τ goutter de sel ainsi q̃l appar
tient. ⊕ Pour gibelet doyseau de riuiere fault baller
d̃s oyseaulx en broche ou sur le gril: faictes pareil boul
lon comme a la fumee τ verius τ espices pareillement.
⊕ Pour bouilly larde a counil ou poulaille: despecez
par pieces τ les lardez chascun vng lardon ou deulx τ
mettez bouillir en vng pot dedans ou bouillõ de beuf
a faire cuire puis prenez gingembre: canelle τ menues
espices et verius et de sel comme il appartient.
⊕ Pour bronet rappe: p̃nez veau poulaille despecez p̃
pieces τ mettez souffrire en vng pot en sain de lard et
bouillõ de beuf τ mettez du pain trẽper dedãs τ coulez
et soit mis de grain de gingẽbre sans autre espice assez
competamment. Et quãt le potaige sera p̃est prenez
verius de grain: groseilles pour mettre dessus.
⊕ Pour faire venaison aux souppes: prenez la venaison despecee p̃ belles pieces τ hõnestes τ faictes bouillir τ chascũ son lardon: τ faictes bouillir en vng pot a-
uec ou bouillõ d̃ beuf q̃ en pourra finer ou de son bouil
lon mesmes τ mettez du vin vermeil du meilleur q̃ vo9
pourres finer τ les espices clou τ graine τ les broyez τ le
detrẽpez de verius τ dũg peu d̃ vinaigre τ mettez bouil
lir tout ensemble τ gouttez de sel ainsi quil appartiẽt.
⊕ Venaisõ de cheureaulx pour mettre en soupes tout
ainsi que lautre predit. ⊕ Venaison de sanglier pour
mettre en souppes ou potage vo9 le mettrez ainsi pour
bouillir. Mettez la en pot τ le mettez cuyre en vin τ en
bouillon de beuf ou en autre τ prenez du pain halle et
detrempe dũg peu de bouillon nõ gueres et de ces espi
ces il y fault canelle: graine: clou: gingembre a foison τ

mettez dedãs le pot a la venaison. ¶Pour faire vne soruige dãguilles: prenez les ãguilles eschauldees nettoyees et trõsonnees et frist loignon et du percil et le sousfrisez et mettez dedãs vostre pot et p̃nez du pain et le halez et mettez treper en puree de pois: et cõuient la couler et bouter en vng pot et des espices: cestassauoir gingembre: canelle et menus espices et bouter au pot et du safrã pour luy dõner couleur deffaictes de vinaigre.

¶Pour faire vng faulx grenon prenez de la fesse dug porc et mettez cuire quant sera cuite sur leuert non pas trop trechez menu cõe doigz et p̃nez de menuz droitz de poulaille cõe foyes: insierst les mettez cuyrez quãt ilz serõt cuitz trenchez les perdrix et les frisez au bouillon ainsi q̃l appartiẽt vous prendrez du pain blanc et mettez treper au bouillon ou aura este cuyt le porc se vous nauez du bouillon de beuf et aures des moyeux doeufz êtregettez ce q̃ vo9 mettrez auec vostre pain. Et mettez du gingẽbre et vng peu de saffran du vin blanc et du verius et le mettez couler puis le couleres par lestamine: et ferez bouillir tout ensemble et ne laisseres pas longuement au feu et puis mettez le bouillir en vng pot.

¶Pour faire froide saulce p̃renez lessansons de sel poussins fendus par le dos et menus endroitz de poule cest insiers et foyes trenchez les menus endrois de poulaille: quant ilz seront cuitz trenchez les au long et les dressez ce que il appartient il fault comme saulce vert et ne y a difference sinon quil y a de saulge et au dresser mettez oeufz fors cuitz sur les platz par moytiez.

¶Pour faire rousse prenez poussins et veau et les faictes bouillir et frire quãt ilz serõt cuitz en sain prenez des amãdes broyees et du bouillon de poullailler met

tez detremper voz amandes et puis prenez eaue rose assez raisonnablemēt: et coulez auec les amādes le bouillon et mettez en vng pot et du verius vng bien peu de
vin blanc non gueres: et prenez du ris batu en pouldre
et deffaictes d'eau rose pource que quant vostre potaige sera sur le feu et il bouldra liez le et y mettez du sucre assez largement: et pour donner couleur a la rousse prnez de la lorcanete et faictes chauffer en sain doulx
du meilleur que pourrez trouuer et coulez pour bouter au pot pour luy donner couleur et quant le grain
sera dresse par platz vous mettrez le bouillu dessus et
des autres dorees deux ou trois a chascun plat ou de
la dragee blanche.

¶ Pour faire vne viole: prenez veau et poussins entiers et mettez cuire et les souffrisez du bouillō de veau
et de voz poussins prenez amādes plumees et broyees
et les coulez: et quant seront coulees mettez la dedās
vng pot et les faictes bouillir et mettez du sucre foison
et par raison puis prenez du vin blanc et verius et desfaictes de la fleur de ris batu et du bouillon et le coulez: et du torossot de viole pour donner couleur au potage et boutez dedās a lheure que vo9 le faictes bouillir et le goustez de sel ainsi quil appartient et dressez et
prenez le bouillon et gettez dessus et puis la dragee par
dessus.

¶ Pour gelee prnez gigotz ou piedz de veau ce q̃ pourrez finer et faictes bouillir en vin blāc et du grain tel q̃l
appartient. Et quant lesditz gigotz ou piedz de veau
seront comme demy cuitz prenez cochons par pieces et
poussins par moitiez et bien nettoyez et ieunes lapereaulx qui en pourra finer: puis prenez gingembre et
graine vng peu mastis et foison safran et vin aigre par

raison et quant le grain sera cuyt prenez le bouillon et le mettez en vng pot sur le feu de charbon. Se la gelee est trop grasse prenez aubu doeufz: les mettez en bouillon quant il vouldra bouillir: et quant il bouldra ayez toille toute preste pour le faire couler et tandis quelle coulera vous mettrez le grain en platz: cestadire le cochon: le lapereau ou poulaille: et puis quant le grain sera mys en platz vous mettrez le bouillon sur le grain en chascun plat.

¶ Pour faire vinaigrette: prenez hastemenues de porcailles en la broche sur le gril et les despecez par petis morceaulx: et mettez en vng pot: et prenez de loignon bien menu tranche et mettez cuire: et quant il sera cuit le mettez auec le grain et ayez de la canelle et du gingembre et menues espices et du safran et luy donnez couleur: et deffaictes les espices dung peu de vinaigre et mettez bouillir tout ensemble et gouster de sel.

¶ A baufac de lieure qui sera reffait: despecez par pieces et le mettez en vng pot et le souffrisez et ayez du bouillon de beuf a le souffrire dedans le pot hallez du pain et mettez tremper et des foyes de poulaille coulez et mettez de la canelle ou gingembre et des menues espices cest clou et graine mettez auec le pain: deffaictes les espices en verius et de bon vin vermeil et faictes tout bouillir ensemble.

¶ Oyes a la trahyson.

¶ Pour faire oyes a la trahyson mettez oyes haller en la broche et puis les souffrisez en vng pot et mettez en sain de lard et en bouillon de beuf: et prenez canelle graine et clou de girofle et broyez se les espices ne sont bien battues: et mettez les espices dedans le pot au souffrire et du sucre raisonnablement et prenez vng peu de pain et foye de poulaille et les mettez tremper en bouillon de beuf et de la moustarde assez raisonnablement coulez et mettez au pot et bouillez tout ensemble et goustez de sel ce quil appartient.

¶ Ris.

¶ Pour ris prenez du ris et le lauez et prenez du laict de vache ou damandes plumees et faictes bouillir le laict de vache et mettez vng peu de safran pour luy donner couleur et du sel pour le gouster.

¶ Arbaleste de poisson.

¶ Pour arbaleste de poisson de tripes de brochetz et tripes de carpes cuites et refroidies: prenez vnne carpe ou deux et vn brochet et les appareillez et ostez les arestes le plus que vous pourrez et que le poisson soit bien escaille et le trenchez par gros lopins cõme les tripes et les frisez et les tripes de poisson cest les foyes et les mulettes de brochetz et le bouillon qui y appartient et prenez du pain tresbien bale sãs le brusler et le mettez trẽper en puree de pois in vin vermeil le meilleur q̃ vous pourrez finer: et prenez canelle: gingembre et menues espices et clou de girofle foison et coulez pain et espices tout ensemble et les defaictes de bon vin aigre puis le mettez bouillir. Et quãt il sera bouilly mettez le bouillon en vng pot et mettez le grain qui est frit dedans le pot et faictes quil soit de bon sel.

¶ La galentine.

¶ Pour brochetz et anguilles a la galentine. Prenez brochetz et les appareillez et les tronsonnez et les anguilles vous eschaulderez et apres tronsonnerez et osterez la rate de languille et lierez tout entour quant elles seront mises mettez les cuyre en vng pot ou en vne poille en vin et mettez au cuyre vng peu de vin aigre et quant languille sera sur le point de cuyre mettez le brochet auec qui sera tronsonne et quant il sera cuyt prenez le bouillon et le mettez dedans vng pot de terre ou autre vaisseau de bois affin quil ne sente point la rain et prenez du pain et le trenchez par rouelles et le hallez le plus brun que vous pourrez sans brusler a le mettez tremper dedás le bouillon que vous aures pu re du poisson: coulez et quant il sera coule prenez canel le: gingembre: graine de paradis: clou de girofle et ga ringal batu et toutes les autres espices z faictes bouil lir mettez les espices dedans tout ensẽble auec le bouil lon et les bouillez le plus longuemẽt que faire se pour ra sans les brusler et mettez du sel ce que il y appar tient et quant sera bouilly mettez le en vaisseau de ter re ou de bois pour refroydir et couler encores vne fois et mettez du sucre dedans z quãt il sera coule mettez le brochet et languille par tronsons et le mettez dedans.

¶ Laict larde.

¶ Pour faire laict larde pnez laict z le boutez sur le feu z pnez oeufz z les batez biẽ z mettez du gingembre blãc z le batez auec voz oeufz z du safrã pour luy dõner couleur z pnez du lard gras z le trẽchez menu z le fai ctes cuyre en vng pot ou en vne poille z le purez ql ny ait point deaue z le gettez auec les oeufz z auec le laict tout ẽsẽble z goutez le laict quãt vo9 aures mis tout en semble z il sera bouilly vo9 le mettrez en nappe ou en touaille z le lyeres et mettrez en presse le plus q̃ vous pourrez z quant il sera vne nuytee le landemain vous le trancheres par lesches z quant il sera tranche vous le frires en sain de lard ou en sain doulx.

¶ Pour faire vng morterel il conuient a cela la chair de faisant ou de perdrix ou de chappons ou de fraize de cheureau et des cuisses de cheureau et toutes ces quatres choses mettre bouillir & prendre leur bouillon et hacheres la chair la plus menu q̃ vous pourrez & mettez en ung pot et faictes bouillir et quant il sera sur le point de estre cuyt prenez de la mye de pain pour mettre auec le bouillon & meslez vng peu de formaige fin & le minsez le plus menu que vo⁹ pourrez et mettez au pot et prenez espices et gingembre blanc batu desfait de verius et non gueres: et des oeufz entregettez et les liez en vostre morterel quant sera cuyt lostercz du feu.

¶ Sabourot de poussins.

¶ Pour faire sabourot de poussins : prenez poussins ou poulailles et despecez par menus morceaulx & les souffrisez en vne poille en sain de lard & mettez vng peu doignon au souffrire: et prenez de foye de poulaille mettez tréper en bouillon de beuf & vng peu ne pain pour lier et les coulez et mettez du gingembre blanc batu & du verius le gouster de sel ainsi quil appartient.

¶ Brouet de cailles.

¶ Pour brouet de cailles: prenez chapons appareillez ou grosse poulaille: mettez bouillir en vng pot quãt le grain sera cuyt assaisonne auec peu de lard que mettrez au cuire et du safran dedans: tirez le grain et prenez moyeulx doeufz coulez p lestamine ou tresbien battus et en liez le bouillon et mettez verius au gingembre blanc battu et mettez du percil effueille et le boutez dedans: et quant sera prest mettez le grain en platz et du bouillon.

¶ Pour cresme frite: prenez cresme & la mettez bouillir puis du pain blanc esmie bien delie et le boutez dedãs la cresme ou des oublyes esmiees foison et les mettez auec cresme et prenez des moyeulx doeufz entregettez

tez pedans auec laict et cresme & faictes bouillir tout ensemble & mettez du sucre foison & goustez de sel.

¶ Pour faire harichot: prenez poitrine de mouton et la mettez haller sur le gril: & quant sera balee despecez la p morceaulx & mettez en vng pot: prenez des oignõs plumez & les mincés bien menu & mettez dedans le pot auec le grain: et prenez du gingembre blanc: canelle et menues espices cest a dire clou & graine & les defaictes de verins & boutez au plat et quil soit bon de sel raisonnablement.

¶ Formaige de sanglier.

¶ Pour faire formaige de teste de sanglier: prenez la teste quant il sera tire en ruit et la fendez & nettoyez et faictes bouillir en vin & vinaigre & quelle soit comme toute pourrie de cuire: et puis la tirez du feu & la mettez sur vne table et ostez toute la chair des os & mettez la peau dung coste & bales la chair & mettez espices dedans la chair canelle batue: gingēbre menues espices foison: clou: noix muguette bien batu & mettez ces choses ensemble puis prenez la peau & mettez la chair dedans et mettez vne piece de toille dedans comme vng queuurechief: & puis le mettez presser entre deux pierres et le laisser tant quil soit froit.

¶ Espaule de mouton.

¶ Pour farcir espaule de mouton soit lespaule rostie en broche et non pas fort cuite & la tirez et ostez toutes les peaulx par dessus & hachez bien menu auec du lard q soit cuyt & vng foye de cochon et du percil largemẽt ysope poliot & mariolaine crus q tout soit hache auec lespaule et deux moyeux doeufz a la farce & q veult on y met du gingēbre du sucre et du sel: et dois garder los de lespaule sain & entier puis ayez vne taye de veau ou

b i

de mouton la plus mesgre que vous trouuerez et lesten
dez sur vng ays bien net mettes la moitie de la farce sur
ladicte taye: puis prenez los de lespaule et frappes des
sus tant que entre dedans et apres prenes le surplus de
la farce et le faictes en facon de lespaule: puis remettez
les hors d'la taye sur lautre et deux ou trois petites bro
ches de boys pour les tenir: puis mettes la sur le gril a
petit feu longuement et ce fait la dorer de moyeux doeufz
d'ung coste et dautre d'une plume et ce quant ce sera fait
mettes la en vng plat et en serues au dernier.

¶ Pour moteaulx.

¶ Pour faire moteaulx de la farce prenez du foye de
poulaille et du lard cuyt ensemble: percil: ysope et mar
iolaine et faictes tout cuyre enseble a bouillon de chair
et quant sera cuyt pures quil ny demeure point deaue
et haches bien menu et mettes du gingembre et des moy
eux doeufz et prenez vne taye de veau ou de cheureau:
et mettez la farce dedans et faictes demy pied long et de
rondeur de plain poing: enueloppes la taye et mettes
sur le gril et dores les moyeux doeufz auec lespaule se
espaule y a: car cest tout vng seruice.

¶ Poussins farcis.

¶ Pour faire poussins farcis il conuient les eschaulder sur le frible sans couper piedz: estes ne le col et quant
seront eschauldes fendes les par dessus les espaules: ti
res tout ce qui est dedans os et chair qui ny demeure q̃
la peau excepte la teste et les cuisses iusques au dernier
genoil et prenez chair de poussins: foye de cochon ou de
poulaille: du lard: percil largement: ysope: poliot et coq
et cuises ensemble et puis pures quil ny demeure poit
deaue et les haches bien menu et y mettez vng peu de
gingembre et de safran et puis mettes la farce dedans

la peau du pouffin d'une esguille par la fente et ne lem
ples pas trop quil ne creue: car il conuient mettre en
eaue bouillant et non pas gueres affin quil ne roidisse
puis embroches par le cul et par la teste en vne petite
broche z quant il sera roide le dores de moyeux doeufz
en tournant et gardes bien quil ne bruse et au dresser
mettez sucre dessus.

¶ Pour faire esturgon prenez tanches et anguilles z
mettes bouillir en vin blanc z quant ilz seront cuitz os
tes les barestes de toute la chair du poisson prenez du
saffran pour luy donner couleur: gingēbre et mennes
espices mettez auec la chair et prenez la peau du pois
son et en couures toute la chair et la mettes dedans et
puis le trenches par lesches et mettes au percil z au vi
naigre. ¶ Esturgon de chair.

¶ Pour faire esturgon de chair p̄nez vne teste de veau
et les piedz bien eschauldez et plumez et soient mis cui
re en vin et y soit mis du vinaigre biē fort et ce fait soit
leuee la peau de la teste et des piedz de veau et gouttes
de sel: et puis soit prinse la chair de veau trenchee par
lesches et renueloppee en la peau de la teste de veau et
puis soit presse lesturgon et mis par belles lesches au
percil et au vinaigre.

¶ Pour faire faisans et paons to9 armez lardes tous
prest a mettre en la broche quāt ilz serōt a demy cuitz
lardes de clou et pour deux platz vne once de pouldre:
mennes espices graine et clou de girofle: poiure noir:
noix muscadez deux ōces de cynamome batue en poul
dre et prenes vne chopine d'eaue rose et vne chopine de
vinaigre et mettez soubz le rost assemblez lesdictes es
pices z passez par lestamine et dedās la saulce soit mis
vng quarterō de sucre z p̄nez demye liure de cynamo

me: et faictes de loignon dune poignee faictes confire en sucre comme autres espices de chambre et quant le rost sera tire hors d'la broche mettez le en platz et le lardez de cynamome ainsi cõfite et mettez du bouillon dessoubz sans toucher a la confiture et est lad' saulce bonne a tout rostz.

¶ Pour faire fayne pnez vng cochon et le mettez cuyre en vin tout pur comme pour faire gelee et assembles de toutes espices comme a faire gelee: prenez foye de cochon et de poulaille faictes bouillir et prenez vne liure damandes et de moyeux doeufz et les foyes et amandes et passes tout ensemble par lestamine et y mettez pour six platz vne liure de sucre: et y mettez vostre grain ne plus ne moins que se voulez du brouet de la gelee dessus et bouillu vostre bouillon mettez sur le gril et les mettez refroidir en la canelle ou ailleurs.

¶ Pourcelet pour quatre platz prenez amãdes deux liures et les broyes toutes ensemble entiers prenez vostre bouillon de chappon ou de poulaille passes les amandes les escorces descreuices broyees cõe les amandes et les passes de brouet a lestamine et au iour de poisson a puree et les assembles dung quarteron de cynamome: de deux onces de gingembre et y mettez du verius vne chopine et demye liure de sucre.

¶ Pour faire vne potee de langue de beuf et de tetine de vache soient cuitz: puis soient couppees les langues et tetines par menus morceaulx comme feues et frisez auec du lard: de loignon qui soit trenche menu puis le souffrisez et prenez du gingembre en pouldre et detrempes de verius et vng de pain trẽpe et y mettez du safran pour coulourer.

¶ Pour faire fraze d' poisson prenez les testes des bro

chetz et les rotissez sur le gril et prenez les muletes et les foyes du poisson et les hachés par menus morceaulx et les frisez au beurre ou a lhuille et prenez les oeufz des brochetz et les passes par lestamine et mettez sucre et gingembre parmy et en mettez au frire auec les mulettes et foyes et en dorés les testes sur le gril et au seruir a table soit mis pouldre de duc dessus.

¶ Leaue benoiste.

¶ Pour faire eaue benoiste sur le brochet eschardes le et le frisez et apres le mettez en vng plat et prenez demy voirre deaue rose et autant de verius et vng peu de gingembre et de la mariolaine assez raisonnablement et du foye du brochet et faictes bouillir tout ensemble: puis passez par lestamine et y mettez demy quarteron de sucre pour vng plat et mettez les brochetz sur les charbons estuuer.

¶ Pour poussins farcis a lestuuee: prenez vng pot neuf et les mettez dedans quant ilz seront farcis et les coutures bien quil nen ysse point de fumee. Et quant ilz seront cuitz prenez chopine de vinaigre et vne once de menues espices et mettez tout dedans le pot et vng quarteron de pouldre de duc et quant ilz serõt bien cuitz mettez les en platz se vous voyez quil y ait trop gresse ostez la.

¶ Pour faire coulis.

¶ Pour faire autre coulis pour malades prenez vng poussin ou deux et les faictes par maniere de chappon deuandit et au brouet mettez vne douzaine damandes pour estre plus substancieux.

¶ Coulis a poisson.

¶ Pour faire dautre coulis pour malades prenez vne perche et la faictes cuyre: quant elle sera cuyte soit plumee et les harestes ostees et apres les broyez au brouet et

b iij

y mettez vne douzaine damandes plumees destrēpees de puree de pois et apſ faictes comme celluy de chair et goutter de sel sans mettre autre chose se le medicine le commande et mettre du sucre.

¶ Autre coulis prenez brochet cuit et le destrempes et faictes par maniere de celluy de perches.

¶ Orge monde.

¶ Pour faire orge monde: cest a dire orge batu et espeautre en vng mortier et apres quil sera bien nettoye soit laue et bouillu tresfort comme froment a faire la fromentee. Et quant il sera cuyt le broyer au mortier et destrempes de laict damandes et mettre bouillir en vng pot net et se le malade veult du sucre dedās en soit mis et soit gouste de sel τ ne soit gueres sale et se voulez faire orge monde entier sans broier mettez du laict damandes q̄ soit assez espes et mettez lorge entier dedās.

¶ Pour pastez en pot prenez de la fesse de veau ou de beuf et haches bien menu et de la gresse cōme pour faire vng paste en pot et de loignon mince: et pour lassembler mettez menus espices: gingembre: canelle: safran et du verius.

¶ Pastez de beuf haches la chair bien menu et y mettes en facō diner du formaige: du gingēbre τ du safran.

¶ Pastez de veau prenes veau et gresse de beuf hache ensemble bien menu et les espices qui appartiennent sont gingēbre: cynamome en la facon diner y soit mis formaige fin.

¶ Galimafree.

¶ Pour galimafree soient prinses poulailles ou chapons rostis et tailles par pieces et apres fris a saing de lard ou doye et quāt sera bien frit y soit mis vin et verius et pour espices y soit mis de la pouldre de gingem

bre et pour la lier cameline et de sel par raison.
Friquassees.
¶ Soient prinses poulailles crues et soient despecees par pieces frisez de saing de lard et au frire soit mis de loignon bien menu et du bouillon de beuf: et pour espices pouldre de gingembre destrempee de verius et bouilles tout ensemble.

Irson damandes.
¶ Pour faire Irson damandes pour quatre platz broyes les amandes en vng mortier environ quatre livres et les passes a lestamine avecqs vng peu deaue chaulde et que lamande soit assez espes: mettez y vng quarteron de sucre et boulles tout ensemble en vne poile: et quant sera bouillu le mettez en vne estamine ou sur toille neufue et le laisses refroidir: et le mettez en platz en facon de coings de beurre: puis prenes belles amandes et les fendes par la moytie et chascune moytie fendez en trois parties du long et en iaunisses la moytie de safran et puis les pares par belles renches parmy le long: et puis prenez du laict quant vous vouldres seruir et quil ne touche point dedans les amandes.

¶ Pour faire rostir des oeufz en la broche farcys faictes de petis pertuis au bout des oeufz et mettez ce qui est dedãs dehors: puis prnez saulge: mariolaine: poliot mete et toutes autres bõnes herbes et les haches bien menu et frises au beurre et les oeufz et les mettez sur vng ays et haches bien menu et y mettez du gingẽbre ou safran et du sucre parmy et mettez la farce dedans les coques des oeufz et puis prenez petites brochetes τ mettez vne douzaine doeufz en chascune broche τ mettez dessus le gril a petit feu.

b iij

Vinee de chair.

¶ Pour demy douzaine de vinee de chair prenez du veau et du porc et mettez bouillir en vng pot a part : et quant sera demy cuyte haches la et prenez demy once de cynamome: vng quart d'once de menues espices et vng peu de safran parmy et prenez deux panses de mouton et enueloppes la farce dedans en facon d'une endouille et mettez trois moyeulx d'oeufz lardes de clou de girofle et au seruir mettez de la pouldre de duc dessus.

Beurre frais frit.

¶ Pour faire beurre frais a la poille prenez pain blanc dur et esmies la mie bien menu et prenez amidon deux onces: de sucre deux onces parmy le beurre et soit destrempee la paste de oeufz et de sucre sans mettre eaue et le faictes tenure comme vne fueille de papier et arrousez le paste de moyeulx d'oeufz: puis enuelopez le coing dedans dur et esmies la mie bien menu et prenez de lamidon deux onces: ou sucre deux onces parmy le beurre soit destrempe et les frisez a la poille auec autre beurre puis mettez en platz et seruez.

Coulis.

¶ Pour faire coulis prenez vng chappon bouilly tant quil soit fort cuyt et prenez le blanc du chappon et l'autre chair q pourrez prendre broyes au mortier et quāt il sera bien broye coulez en vne estamine destrempe du bouillon du chappon et bouillez en vng petit et quāt il sera cuyt soit gouste de sel raisonnablemēt q nen y ait pas trop et ny soit mis ne verius ne vinaigre.

Pastez a la saulce chaulde.

¶ Prenez de la longe le moyau et soit taille par leches tēdres et gresse hachee p dessus et pour y faire la saulce soit bien brusle du pain noir et trēpe au verius et vinai gre et passe p̄ vne estamine ⁊ les espices qui appartiennent sont gingembre clou de girofle poiure long: graine de paradis: noix muscade par portiõ excepte que le clou surmonte les autres espices et faictes bouillir dedans la saulce au four.

⁋Pastez de chappons mettez du lard dessus et pour espice mettez du gingembre menues espices ⁊ safran.

⁋Pastez de hallebrans de chappons mettez en paste les chappons ⁊ descharnes toute la chair des chappõs et de la gresse de beuf et haches tout ensemble: mettez moelle de beuf moyeux doeufz cuitz lardez de clou de girofle ⁊ y mettez vng peu de gingembre: cynamome: safran ⁊ du sucre par bonne raison. Soit mis esditz pastez du lard menu hachez les espices deuantdictes.

⁋Pastez de poulles a la saulce robert prenez verius et moyeux doeufz ⁊ battez tout ensemble ⁊ de pouldre fine et quant le paste sera cuyt mettez tout ensemble ⁊ despecez toute la poulaille.

⁋Pastez de pigons.

⁋Pastez de pigõs mettez es pastez du lard menu hache et pour espices du gingembre.

⁋Pour coulons ramiers prenez saulce chaulde comme pour beuf et pareilles espices excepte quil y fault de loignon frit en saing.

⁋Pastez de mouton a la ciboule: soit le paste menu hache en gresse de moutõ ⁊ y mettez menus espices ou autre pouldre.

⁋Pastez de merles prenez formaige fin et mettez dedans les oyseaulx: de la moelle de beuf ⁊ lard menu hache et gingembre.

⁋Pastez de passereaulx prenez du beuf ou du veau ⁊ de la gresse de veau hachee et de fin formaige: menues espices et du safran.

¶ Pastez de canes saulnaiges : prenez du lard pour espices clou de girofle et gingembre.

¶ Pastez de chevreau parbouilles le chevreau et despeces par morceaulx et du lard menu hache et pour espices canelle et safran a foison pour le coulourer.

¶ Pastez doison loison soit despece : prenez a la saison des feues nouuelles et les parbouilles et les mettes en paste et du lard hache et espices menues et safran.

¶ Pastez de perdrix : metes dessus les perdrix lard hache et espices gingembre et de la pouldre de clou de girofle

¶ Pastez de counilz quant sont vieulx doiuent estre mis p pieces et les ieunes etiers et du lard menu hache p dessus et pour espices clou : gingembre grainez poiure

¶ Pastez de lieure : le grant lieure mis par pieces et laisses le petit entier et du lard dessus hache bien menu et pour espices menues espices.

¶ Pastez de serf.

Paste de serf : soit bouilly et larde et mis en pastez soit mis gingembre et du poiure.

¶ Pastez de sanglier.

¶ Prenez filetz de sanglier et les parbouilles et puis les armes et y mettes menues espices.

¶ Pastez de larais prenez le blanc de chappon hache menu ou letance de poisson et espices dedans et sucre : cynamome. et conuient que ce soient petis pastez bien fais a bouter trois dois esleuez bien hault et quant ilz sont fais conuient frire en vne paisle au sain. Se cest poisson frisez le au beurez petrisses de beures sucrez oeufz et ce abaisses teures cõe couuerture de petis pastez et se playent lectues comme celles que lon fait doubles.

¶ Pastez de moille : prenez moelle sans autre chose

auec espices et sucre mesle ensēble et soit la moelle par
bouillie et boutee en facon dūg peloton et mise en vng
petit paste a bouter trois doys esleuez en hault et bien
fait et frit au sain.

☞ Pastez de mulet.

☞ Soit mis au ventre du mulet verius de grain pouldre fine et safran.

☞ Pastez de truite.

☞ Prenez le safran pouldre fine mise par dessus.

☞ Pastez danguille.

☞ Prenez safran pouldre fine et verius en la facon et
des groseilles a la saison.

☞ Pastez de congres.

☞ Congres de mer soient tronsonnez et y soient mises
menues espices gingembre et safran.

☞ Pastez de turbot ny soit mis que gingembre blanc.
☞ Pastez de rougetz mettes pouldre fine.
☞ Pastez de gournault ny soit mis q̄ gingēbre blanc.
☞ Pastez daloses au gingēbre blāc et menues espices
☞ Pastez de saulmon au gingembre blanc.
☞ Lemproye en paste ny soit mis que du sel et soit faicte la saulce a part et bien noire et prenes pouldre de lē-
proye et soit vne piece de pain brusle biē noir τ destrem
pe de verius et vinaigre et passe par lestamine et soit
boutee la pouldre dedans et apres bouillie τ mettez la
saulce en vng petit pot net et quāt le pot sera cuyt met
tez la saulce dedās et aps tenne vng peu dedās le four
pour faire bouillir la saulce auec la lemproye.

☞ Pastez de vache. Soit prins formaige par loppins
et foison sucre: cynamome et vng peu de menues espices τ de loignon frit au beurre et q̄ les pastez soiēt fais
baulx et esleuez et soient bien dorez puis mis au four.

⁌Pastez de gigotz de moutõ prenez le gigot τ dessus des leches de lard τ que la crouste soit fort espesce affin que la substance ne sen ysse.
⁌Tartres communes.
⁌Tartres couuertes communes soit broye le formaige et talemouse fin formaige billete τ mis les mixtions doeufz et pareillement les autres tartres.
⁌Tartres a deux visaiges.
⁌Tartres a deux visaiges prenez formaige fin τ force moyeux doeufz τ de sucre: daulphins: fleurs de lys: estoille de cresme frite fort sucree τ moyeux doeufz. Fais belong soiẽt fais en facon vung coing farcy de cresme frite qui en aura qui nen trouuera soit prins formaige fin mis par beaulx loppins τ du sucre a foison.
⁌Tartre iacopine couuerte oregee par dessus soit bõ formaige fin par lesches et bonne cresme: des oeufz les moyeux mixtionnez parmy τ anguille mise par tronsons τ bien bouillie τ assise par dedans la tartre auant que le formaige τ τ la cresme y soit τ grant quantite de sucre.
⁌Tartre bourbonnoise.
⁌Tartre bourbonnoise fin formaige broye destrempe de cresme τ de moyeux doeufz suffisament et la crouste biẽ poetrie doeufz τ soit couuerte le couuercle ẽtier et orengee par dessus.
⁌Tartres couuertes.
⁌Tartre couuerte soit destrempee la crouste doeufz τ de beurre la farce destrempee de deux oeufz τ deaue en chascune et non plus de beurre destrempe auec le formaige broye en vng mortier.
⁌Talemouse faicte de formaige par morceaulx carrez menus comme feues et parmy le formaige soiẽt de

strempees oeufz largement et mesles tout ensemble et la crouste destrempee doeufz et de beurre.

¶ Tartre a deux visaiges.

¶ Tartres a deux visaiges soient faictes de formaige fin par morceaulx carrez comme dez & les morceaulx destrempez de moyeulx doeufz largemēt: apres prenez crouste de paste qui soit cuyte au four: puis la mettez vng peu refroidir et mettez des oublyes toute couverte la crouste en maniere q̄l ny apparoisse riens de crouste & prenez le formaige destrempe de moyeux doeufz mis sur les oublyes estans sur la crouste acoustree de lespesseur dung doy puis soit mis cuyre au four cōme dit est et quant sera cuyte soit tiree et ainsi refroider et y soit mis du sucre & la crouste sur quoy est cuyte mise sur la tartre soit renversee et dessus les oublyes ou est le premier lict de formaige dessus comme lautre coste despesseur dung doy: & quāt on vouldra disner soit mise au four et fait cuyre comme de lautre coste: quant sera cuyte soit prise & tourner en vng plat et oste la crouste ou sera cuyte.

¶ Tartre iacopine bien farcie de formaige fin broye & bien farcie de deux doys soient mises des anguilles de plain poing par tronsons & que les tronsons soient de deux doys de hault & les faire cuyre en beurre & nōpas trop et soient mises dedans la tartre acoustrees dessus et a chascune tartre huyt ou dix tronsons sur le bout & quelle soit bien farcie que le formaige par soit trōsons comme languille quant elle bouldra ainsi doit faire.

¶ Tartres de pommes despecees par pieces & mises figues et raisins bien nettoyez & mises parmy les pommes & figues tout mesle ensemble & de loignon frit au beurre ou a lhuille broyes et destrempes devin et soiēt assembles et les autres pommes broyees mises auec le surplus et du safran dedans: vng peu de menues espices: cynamome et gingembre blanc: anys espigurlac q̃ en auroit soient faictes deux grans abasses de paste et toutes les mixtions mises ensemble fort broyees a la main sur la paste bien espesses de pommes et dautres mixtiõs et apz̃ soit mis le couuercle dessus et bien conuerte et doree de safran et mise au four et faire cuyre.

℄ Pastez de poires crues.

℄ Pastez de poires crues mises sur bout en paste et emplir le creux de sucre a trois grosses poires cõe vng quarteron de sucre bien couuerte et doree doeufz et de safran et puis les cuyses.

℄ Pour faire cretõnee despaigne prenez veau ou poulaille mis par pieces et cuisez le grain et frisez au lard ou au sain doulx duquel vous pourrez finer: prenez amandes et les coules et en faictes du laict et prenez percil et mariolaine se en auez τ en faictes foison entregettez et coules auec la verdure quãt le sain bouldra vo9 le lieres comme vng liure doeufz et mettez gingembre et menues espices batues et deffaictes de veri9 τ de vin blanc quãt vostre potaige sera prest et lye vous le mettrez en vng pot quant viendra au dresser es platz pnez des oeufz qui soient cuitz bien durs τ les plumes τ fendez par le meilleu et frisez auec son sain quant le bouillon sera dedans voz platz si mestez voz oeufz dessus ou des tostees se voulez elles y seront belles.

℄ Pour la cretõnee a poisson prenez carpes: brochetz et frisez p pieces et faictes vostre bouillon pareil a celluy de chair fors quil soit de puree de pois et lautre est fait de bouillon de chair tout le demourant se fait comme celluy de chair.

¶ Pour faire blanc brouet dalemaigne : prenez veau
et poulaille a ce faire : puis despeces et mettez souffrire
a bouillon de beuf et sain de lard et mettez loignon me
nu taille dedans au souffrire et prenez des amandes et
les broyes a tout lescorce et deffaictes en bouillon de
beuf et coules et au couler mettes des foyes de poulail
le auec les amandes et quāt le bouillon sera coule soit
gette dedans le pot quant le grain sera souffrit et du
sucre par raison mettez dedās le pot au souffrire et les
espices qui y appartiennent : cest assauoir canelle : gingembre : menues espices : cest a dire clou graine : safran pour luy donner couleur deffaictes de verius ou
de vin blanc ou de vermeil et dressez quant il sera heure es platz.

¶ Darioles de cresme soient broyez amādes non gue
res passees et la cresme fort frite au beurre et largemēt
sucre dedans.

¶ Cameline.

¶ Pour faire vne carte de cameline hales ou pain de
uant le feu bien roux et quil ne soit point brusle et puis
le mettez tremper en vin vermeil tout pur en vng pot
neuf ou en vng plat puis quant il sera trempe passez p
lestamine auec vin vermeil puis prnez vne chopine de
vinaigre et vng quarteron de cynamome : vne once de
gingembre et vng quart donce de menuz espices et sa-
les de bonne sorte : passe le pain et les espices parmy lestamine et mettez tout en vng pot.

¶ Saulce madame.

¶ Pour faire saulce madame soit rosty vng oyson et
mettez vne poille dessoubz prenez le foye de loyson ou
dautre poulaille et les mettez rostir sur le gril et quāt il

sera cuit halez vne tostee de pain et mettez le foye et le
pain tremper en vng peu de bouillon τ passez tresbien
parmy lestamine et mettez bouillir en la poille soubz
loye: puis faictes bouillir vne douzaine doeufz en pre
nez les moyeux et les haches menu et quant loye sera
cuyte les mettez par dessus et la saulce auec: et se vou
lez quil sente le goust de laict gettez en vne goutte ou
deux quant il vouldra bouillir.
℣ Pour faire saulce poytenine aux chappōs ou aux
poulaille mettez les rostir en la broche et en prenez les
foyes et prenez vng peu de pain hasle τ de bouillon et
broyes au mortier espices canelle: gingēbre et destrem
pez de verius et de vin et faictes bouillir τ mettez sur
la poulaille.
℣ Iance.
℣ Ité pour faire iance plumes amandes et les broyes
en vng mortier puis passes auec verius et vin blanc:
puis prenez vne once de gingembre pour vne pinte et
passez par lestamine: mettez bouillir en vne poille τ ne
luy laissez gueres et incontinent le mettez en pot: car el
le sentiroit larain τ ne la bouillez point en poille de fer
car elle se noirciroit.
℣ Saulce daulx au laict
℣ Pour faire saulce daulx au laict: hallez vne tostee
de pain au feu τ mettez tremper auec le laict prenez de
my douzaine de gosses daulx τ les escaches en vne es
cuelle et passez tout parmy lestamine et mettez demy
once de gingēbre parmy et faictes bouillir en vne poil
le: et est bonne ladicte saulce en oye ou autre rost.
℣ Aillee rosee.
℣ Pour faire aillee rosee sur rost ou sur bouilly: pre
nez des foyes de poulailles et halez vne tostee de pain

au feu et la mettez tremper auec vng peu de bouillon: et prenez vne once de cynamome: demy once de gingembre: vng quarteron de onces de menus espices et demy douzaine de gosses daulx et passes par lestamine auec vin rouge et vinaigre et boutes bouillir en vne poille et puis mettez en vng beau pot.

¶ Aille a la moustarde.

¶ Pour faire aillee a la moustarde: prenes demy douzaine de gosses daulx ou plus largement se vous voulez et les escailles et passes par lestamine auec la moustarde et y mettez demy once de gingembre et ny mettez destrempaige que verius. Et quant les ferez bouillir mettez y du beurre dedans et est ladicte saulce bonne sur merlus frais et sur autres poissons.

¶ Saulce rapee.

¶ Pour faire saulce rapee: mettez mie de pain blanc destreper de vin blanc chault: et quant le pain sera trempe passes p lestamine auec verius tout pur. Pour vne pinte mettez y vne once de gingembre: puis esgrenez du verius de grain en eaue chaulde bouillant et ne luy laisses gueres: et pures leaue et gettez le grain dedans la saulce.

¶ Pour faire la dodine.

¶ Pour faire dodine de laict sur tous oyseaulx de riuiere prenez du laict et le mettez en vne poille demy once de gingembre pour deux platz et passez par lestamine auec deux ou trois moyeux doeufz et faictes bouillir tout ensemble auec laict et sucre quat les oyseaulx seront cuitz mettez la dodine dessus.

¶ Dodine de verius.

¶ Autre dodine de verius sur oyseaulx de riuiere et chappons ou autre voletaille de rost: mettez le verius dessoubz le rost en vne poille de fer: puis prenez moyeux doeufz durs z demy dauzaine de foyes de poulaille: et que les foyes soient vng peu rostis sur le gril z passez par lestamine auec le verius tout pur et y mettez vng peu de gingembre z du percil effueille dedans z tout bouillir ensemble: et mettez sur le rost des tostees de pain baler dessus le rost: z pareillement dedans autre dodine aussi.

Moult iehan.

Pour faire moult iehan: mettez chappons de haulte gresse rostir en la broche: pour quatre platz mettez vne quarte de laict bouillir dessoubz les chapons: puis prenez de la mariolaine et du percil: ysope z de toutes autres bonnes herbes z prenez vne once de gingembre et mettez vng peu de safran et le destreper auec le laict et hachez les herbes bien menu z faictes bouillir ensemble z mettez demy liure de sucre quant il vous semblera que ladicte saulce sera assez espesse tirez les chappons et les mettez en vng plat et des tostees dessoubz: z gettez la saulce dessus.

Saupiquet.

Pour faire saupiquet sur connilz ou sur autre rost halez du pain comme pour faire cameline et le mettez tremper auec du bouillon: fondez du lard en vne poille z mincez de loignon bien menu z le frisez: pour quatre platz prenez deux onces de cynamome: demy once de gingembre z vng quart donce de menues espices: prenez du vin rouge z du vinaigre passez le pain et toutes les espices ensemble z mettez bouillir en vne poille ou en vng pot: puis mettez dessus le pot.

Chaudume.

Pour faire chaudume: prenez brochetz z les eschar

dez et les mettez par pieces ou tous entiers haler sur le gril et halez du pain et mettez tremper auec puree de pois: puis quant le pain sera trempe prenez du verius et du vin blanc et de la puree et passez vostre pain tout ensemble: et quant il sera passe pour quatre platz destrempez vne once de gingembre dedans le bouillon et vng peu de safran pmy et mettez le poisson auec le bouillon et du beurre frais ou sale.

Saulce a lalose.

¶ Pour faire saulce a lalose: mettez rostir lalose en vng plat ou en la broche: prenez pour vne alose demy once de gingembre et vne chopine de verius: quant elle sera a demy cuyte mettez le verius dessus: et prenez toutes autres bonnes herbes et vne poignee de percil et mettez tout dedans la saulce.

Autre saulce a lalose.

¶ Prenez du vin aigre et du vin blanc auec lautre et prenez vne once de cynamome: demy once de gingembre: vng peu de menues espices et passez tout ensemble par lestamine et faictes bouillir et mettez sur lalose soit au four ou a la broche.

Saulce au moult.

¶ Pour faire saulce au moult: pnez des raisins hors de la crape et les escachez en vng pot: mettez le bouillir sur le feu demy quart dheure et y mettez vng bien peu de vin vermeil se nauez assez raisins les laisser refroidir: aps passez parmy lestamine: et pour quatre platz prenez deux onces de gingembre et passes tout ensemble par lestamine excepte le sucre. Ladicte saulce est bonne a herondeaulx: chappons: cochons: pouletz: oysons ou autres rostz: sur oeufz fris: sur poissons et toutes aultres fritures: et en deffaulte de raysins

soient prinses des meures.
¶ Poree.
¶ Pour faire poree soit parbouillie en eaue bouillāt z la mettez sur vng ays et hachez menu z purez fort entre voz mains puis broyez au mortier et lassemblez en bouillon de beuf ou dautre chair ou en deffaulte dudit bouillon soit fendu lard et frit en lechez z assemblez auec de leaue. Au iour de poisson auec beurre et puree de pois.

¶ Feues frasees.
¶ Pour faire feues frasees mettez les feues tremper au soir a en ostez les noires z les mettez bouillir en eaue de riuiere ou de fontaine: et quāt seront a demy cuytes pures les z les assembles de bouillon z y mettez du lard pour donner goust z quant serōt acheuees de cuyre mettez les en vne poille refroidir et les passes par le stamine et apres les remettez bouillir en vng pot z les coules semblablement.

¶ Porreaur.
¶ Pour faire porreaur: prenez le blanc des porreaur et les mincez bien menu laues z faictes parbouillir et quant seront parbouillis pures les et mettez de leaue froide par dessus z les espraignez entre les mains puis les mettez sur vng ays et les baches z puis les broyes au mortier et ce fait les assebles auec bouillon de beuf et au iour mesgre de puree de pois et beurre et laict damandes qui veult.

¶ Souppe a loignon.
¶ Pour faire souppe a loignon: plumes les oignons et les minces bien menu ou par rouelles et les souffrises en beurre assez longuemēt z y metez vng peu deaue pour garder qlz ne brustent et assembles puree de pois

ou deaue et y mettez du verius et du percil.
¶Pommes de choux.
¶Pour faire pommes de choux: ostes les premieres fueilles de dessus et despeces par quartiers: et mettez bouillir enuiron demy heure: purés leaue et mettez de leaue froide par dessus et les espraignes: apres les haches et assembles auec bouillon de beuf ou dautre chair et au iour mesgre auec puree de pois beurre et huylle.
¶Courges.
¶Pour courges pelles et decouppes par rouelles et ostez la graine de dedās sil en y a et les mettez parbouillir en vne poille et les purez et mettez d leaue froide par dessus et les espraignez et haches menu: puis les assembles auec bouillon de beuf: ou dautre chair et y mettez laict de vaches destrempes demy douzaine de moyeux doeufz passes par lestamine parmy le bouillon et auec le laict aux iours mesgres de puree de pois ou de laict damandes.
¶Pour dessaller potaige.
¶Pour dessaller potage sans y mettre ne oster autre chose: prenez toille blāche mouillee deaue froide et mettez dessus vostre pot et le tournes dung coste et dautre et en ce faisant tirez vostre pot hors du feu.
¶Pour oster arsure de tous potaiges vuydez premierement vostre pot en vng autre pot: puis mettez en vostre pot vng peu de leuain de paste crue enueloppee en blanc drapel et ne luy laissez gueres.
¶Bouillatures de grosse chair comme beuf: mouton et porc mettez cuyre en eaue et sel et selle est fresche mettez percil: saulge: ysope manges aux aulx blancz ou vernedis aux verius salee a la moustarde.
¶Herisson.

¶Herison de mouton : mettez par pieces τ tout creu souffrire en sain de lard auec oignon menu mince : et quāt sera bien cuyt si le mettez en bouillon de beuf vin verius:saulge:mastic τ ysope τ vng peu de safran faictes bouillir tout ensemble.
¶Bouilly larde.
¶Bouilly larde prenez vostre venaison τ la lardes et mettrez cuyre ou mastic seullement ou safran:puis venaison de chair fresche parbouillie et lardee au long par dessus la chair τ cuysez en eaue τ sel τ ou grain foison māgee en paste parbouillie τ lardee a pouldre fine.
¶Cheureau saulaige. appareillez τ mangee comme serf frais.
¶Sanglier frais.
¶Sanglier frais cuit en eaue τ en vin a la cameline.
¶Chappon τ veau aux herbes.
¶Chappon τ veau aux herbes:cuisez en eaue:sel τ ou lard pour luy dōner saueur auec percil:saulge τ ysope
¶Cyne de veau roussi.
¶Cyne de veau roussi en la broche τ sur le gril sans le laisser cuyre frisez en lard auec oignon : τ prenez pain rosty destrēpe en vin τ de puree de pois τ faictes bouillir vostre grain:affines gingembre:canelle:graine:girofle τ de safran pour luy dōner couleur:mettez du verius et du vinaigre τ force despice.
¶Potaige lians.
¶Chaudū de porc soit cuit en eaue τ sel τ soit decouppe par morceaulx souffrit en lard prenez gingēbre poiure:long safran:pain bale trempe en bouillon de beuf et en laict de vache:car son bouillon sent le fiēs:passes parmy lestamine:pnez verius:vinaigre τ cuit vng peu en eaue:mettez en vostre potaige sur le point de seruir

et filez moyeux doeufz dedans et faictes bouillir ensemble.

Cretonnee de pois.

Cretonnee de pois nouueaulx cuisez iusques au purer: puis les pures et les frises en lard et prenez du laict de vache bouilles vne onde mettez trēper du pain blāc dedans le laict. puis affines: gingembre et safran: deffaictes voſtre laict mettez bouillir et prenez pouſſins cuitz en eaue despecez par quartiers: frises en sain de lard: mettez bouillir tirez arriere metez foison doeufz.

Cretonnee de feues nouuelles comme de pois.

Cretonnee de poulaille.

Cretonnee de poulaille cuisez en vin et en eaue despeces par quartiers frisez en sain de lard: prenez vng peu de pain trēpe en bouillon de beuf coulez faictes bouillir auec voſtre viāde: affines gingembre et commin deffaictes de vin et de verius: prenez moyeux doeufz grāt foison filez en voſtre pot et tirez arriere du feu et gardez quil ne tourne.

Cretonnee damandes.

Cretonnee damādes: cuisez bien poulaille en eaue despeces par quartiers: frises en sain de lard prenez amandes deffaictes de bouillon mettez bouillir sur voſtre grain: affines gingembre et commin deffaictes de vin et de verius: et touſiours ſe lie delle meſme: ſans y mettre que vng petit de pain blanc.

Graue de poisson.

Graue de poisson menu ou tel grain q̄ voꝰ vouldres frises en sain de lard: prenez pain blanc deffaictes de bouillon de beuf et coulez mettez bouillir a voſtre viande affines gingembre: canelle deffaictes de verius mettez bouillir enſemble et quil ne ſoit pas trop liant.

¶ Blanc brouet.

¶ Blanc brouet de chappons cuisez en vin et en eaue des peces par membres frisez en saing de lard broyes amandes et des broyons deffaictes vostre bouillon et faictes bouillir sur vostre viãde: batez gingembre: canelle: clou: graine de paradis: garingal et poivre long mettez bouillir ensemble et y mettez moyeux doeufz bien battus et soit bien liant.

¶ Bousac de lievre.

¶ Bousac de lievre et de conilz hasle en broche ou sur le gril puis couppez par pieces et mettez souffrire en sain de lard prenez pain bran deffaictes de bouillon de beuf et de vin coulez et faictes de verius soit bien noire et non pas trop liant.

¶ Houlet de chappons.

¶ Houlet de chappons cuysez en vin et en eaue despeces par membres frisez en lard vng peu de pain bruslé deffaictes de bouillõ faictes bouillir auec vostre grain affines gingembre: canelle: girofle: graine de paradis et saffran pour donner couleur.

¶ Cyue.

¶ Cyue soit hale en broche tout cren ou sur le gril sãs laisser trop cuyre despeces p pieces et souffrises en sain de lard auec oignons menus minces: puis prenez pain hale et deffaictes de vin et bouillon de beuf et puree de pois faictes bouillir auec vostre grain puis affines gingembre: canelle: girofle: graine de paradis et saffran pour donner couleur deffaictes de verius et de vinaigre et fort despices.

¶ Cyue de lievre doit estre fait pareillemẽt mais il ne fault point lauer la chair.

¶ Cyue de connilz doit estre esgret et fort comme cel-

luy de lieure.
¶Chapitre de rost.

¶Porc rosty au verius aucuns y mettent oignõs en en paste ou verius de grain et pouldre fine.

¶Veau rosty.

¶Veau rosty soit parbouilly z larde: mangez a la cameline en paste a pouldre fine et safran.

¶fraise de veau.

¶fraise de veau que lon dit harpie: decoupez bien menu vostre veau z quil soit bien cuyt frisez saing de lard broyes gingembre: safran z des oeufz bien broyes: filez les oeufz dessus en frisant.

¶Mouston rosty au sel menu et a la canelle ou au verius.

¶Cheureaulx ou aigneaulx: boutez en eaue bouillant et le tirez tantost et mettes en broche mangez a la cameline.

¶Oyes plumees a sec refaictes en eaue chaulde: rotissez les sans larder mãgez aux aulx ou a la iance.

¶Poulles rosties.

¶Poulles rosties z lardees mangez a la cameline ou au verius. En paste a pouldre et froide saulce.

¶Boulier de Sanglier frais mettez en eaue chaulde qui bouille mettez rostir z baciner de saulce de gingembre: canelle: girofle: graine de Paradis pain hale destrempe de vin et verius z vinaigre: puis quant il sera cuyt si boutez tout ensemble et soit decouppe vostre grain par morceaulx et bouillez tout tellement q̃l soit cler et net.

¶Venaison fresche.

¶Toute venaison fresche q̃ nest point bacinee se mange al a saulce cameline.

¶ Pigons rostis.

¶ Pigons rostis auec les testes sans les piedz: mãgez au sel menu.

¶ Menus oyseaulx.

¶ Menus oyseaulx plumes en eaue lardes rostis: mãgez au sel: en paste pareillement.
¶ Turterelles comme vne oye qui veult: soit doree au verius cuite piedz entiers soit fendue la teste iusques aux espaules & les tuez par le cueur: mangez a poiure iaunet.
¶ Paon ainsi comme cyne mangez au sel menu.
¶ Sigoignes: plumes a sec les piedz & la teste arrousies & flambes de lard & mangez au sel menu.

¶ Faisans.

¶ Faisans plumez a sec coupez les testes & les queues quant il sera rosty atachez la teste & la queue au corps a vne cheuille de bois que le col soit bien droit & ne doit on point cuyre la taste.
¶ Butor: cormarant ainsi côme la sigoigne & le hairon.
¶ Le hairon soit seigne & fendu iusques aux espaules & soit pareillement côme la sigoigne et soit dore qui le veult manger au sel menu.

¶ Canars de riuiere.

¶ Canars de riuiere: plumes a sec mettez en la broche et retenez la gresse pour y faire la dodine qui doit estre faicte de lard ou de verius ou des oignõs. Aucuns les veullent par quartiers quant il est cuit auec la dodine & faictes tostees de pain & puis gettez vostre dodine dessus vostre grain & les tostees aussi.
¶ Pourcelet farcy: soit eschaulde & mis en broche et soit farce faicte de lissue du pourcelet et de rouelles de porc cuyt: moyeux doeufz formaige de gain chastaio

gnes cuites pellees: et fine pouldre despecez tout ensem
blez mettez au ventre du pourcelet et estoupez le trou et
bassines en vinaigre et saing bouillant mangez au poivre

¶ Jeune poulaille farcie couppez leurs ganions plu
mes tresbien. et gardes la peau saine ne les reffaictes
pas en eaue bouillant mettez vng tuel entre cuyr et chair
et lenfles par entre les espanles: et ny faictes pas trop
grant trou laisses tenir les esles et les piedz avec le corps
et la teste. Soit la farce faicte de poulaille et le remenant
comme au pourceau.

¶ Pour larder moyeur doeufz broyes safran coulez
sur vostre poulaille au long deux ou trois fois et gar
dez que elle ne brusle en rotissant.

¶ Saulx grenon cuisez en vin et eaue les foyes et iu
siers de poulaille ou chair de veau hachee bien menu
frite en sain de lard: broyes gingembre: canelle et grai
ne de padis: vin verius ou dicelluy mesme et moyeulx
doeufz et coules dessus vostre viande et bouilles ensem
ble: aucuns mettent vng peu de safran et doit estre bien
liant sur iaulne couleur aigre de verius et dessus poul
dre de canelle.

¶ Pour gelee a poisson: prenez tanches et anguilles
pour faire la licure et broyes et mettez cuyre en vin
blanc. les espices qui y appartiennent cest gingembre:
graine de paradis et vng peu de sinapis pour donner
couleur a la gelee: mettez du safran tant quil y en ait as
sez et purez vostre bouillon quant le grain sera cuyt le
mettez couler parmy toille et apres vous asserres les
platz pour grain et les mettez en eaue ou en quelque
lieu bien frais et le bouillu dessus.

¶ Saulce chaulde.

¶ Pour faire saulce chaulde parbouilles de sanglier

ou pour nombles de sanglier ou nombles de beuf mettez les rostir en la broche & mettes vne lechefrite dessoubz arrousez de bouillon de beuf & despeces le grain par pieces quāt il sera cuytz le mettez en vng pot: puis prenez du painz le halez mettez de la canelle: gingembre: graine de paradis & clou de girofle si largement q̄l passe les autres espices & coulez tout ensemble auec le pain & faictes le bouillon cler qui ne soit pas trop fort et le bouilles en vne poille ou en vng pot et quant sera bouillu goustez de sel & le mettez auec le grain.

¶ Poulles hochez ou gingembre: prenez les entieres ou comptees par quartiers ainsi que vouldrez les reffaictes quant seront reffaictes boutez les en vng pot et les souffrisez puis prenez du pain blanc et le trempez & des foyes de poulaille assez raisonnablement et mettez couler & quant sera coule il fault mettre dedans le pot du gingembre le deffaictes de verius & le boutez dedās le pot.

¶ fromentee.

¶ Pour faire fromentee: prenez froment espeautre & bien net puis le faictes cuyre en vng pot bien longuement & le laisses rasseoir & prenez du lard raisonnablement pour vostre froment tant que vous en ayes assez & le mettez auec le froment: puis le mettez bouillir en vng pot & gardez bien quil ne brusle et puis prenez des oeufz & les entregettez selon que le pot sera grantz coulez les moyeux des oeufz: & quant ilz seront coulez mettez le pot du froment & le laict hors du feu & prenez du laict & le mettez auec les oeufz: & gettez les oeufz dedās le froment et le laict aussi tout ensemble & le demenez fort et gardez bien que le laict ne soit trop chault: car vous brusleriez les oeufz parquoy la fromentee seroit blessee mettez y foison de sucre.

⁋ Gelee de poisson qui porte lymon de chair: mettez cuyre vostre grain τ vin verius τ vinaigre: aucuns y mettent vng peu de pain: prenez gingembre: canelle: girofle: graine de paradis: poiure: garingal: mastic: noix muscade: safran pour donner couleur: mettez τ liez vng blanc drapel bouillir auec vostre grain τ lescumez tousiours τ aussi tost quil sera temps de dresser τ quil sera cuyt si prenez vostre bouillon en vng vaisseau de bois tant quil soit rassis: mettez vostre grain dessus vne blanche nape: τ si cest poisson si le pelez τ gettez les pelures en vostre bouillon tant q̃l coule la derniere fois τ gardez que le bouillon soit cler τ net τ ne fault pas attendre a le couler iusques a tãt q̃l soit froit: car il ne pourroit couler: puis mettez vostre grain par escuelles τ rebouillez vostre bouillon τ escumez tousiours τ dressez ainsi sur vostre grain pmy lestamine en deux ou trois doubles τ pouldres sur escuelles pouldre de fleur de canelle τ du mastic τ si mettez voz escuelles en lieu froit τ ce cest poisson mettez y leschefrite τ clou destrempe. Qui fait gelee il ne fault point dormir.

⁋ Cent platz de gelee.

⁋ Pour faire cent platz de gelee prenez vingt et cinq poussins: six lapereaux: quatre cochons: trente gigotz de veau: quatre pintes de vinaigre blãc: six sextiers de vin blanc: six aulnes de toille: trois quarterons de gingembre: graine de paradis trois quarterõs de mesche six onces de safran: cinq cuilliers de bois: deux grãs oscelles de terre: vingtz potz de terre: six iactes. Et puis apres a boire aux compaignons.

⁋ Lemproye.

⁋ Lemproye frite a la saulce chaulde soit saignee par

la gueulle: ostes la lãgue et la faictes bien saigner: boutes la en broche et gardes le sang: car cest la gresse et la fault eschaulder comme vne anguille en broche: puis affines canelle: graine d paradis: noix muscade et vng peu de pain halle trempe en vinaigre et le sang deffaictes tout ensẽble faictes bouillir vne vnde et puis mettez dedans vostre lemproye toute entiere et ne soit pas trop noire la saulce ❡ froide saulce.

❡ Prenez vostre poulaille et la mettez cuyre en eaue puis la mettez sur vne blanche nappe et laisses refroidir: affines gingembre: canelle: girofle: graine de paradis: puis broyes percil pour estre vert et le coules. Aucuns y mettent dedans des moyeux doeufz cuitz deffaictes de vinaigre et gettes sur vostre poulaille p mẽbres cõe ceulx de porceaux soit faicte froide saulce sãs oeufz

❡ Ris en goule de chair eslisez: lauez en eaue chaulde prenez laict de vache et le froment mettez vostre ris dedans du gras ou bouillon de beuf et en quaresme soit fait en laict damãdes z metes du sucre sur les escuelles
❡ Viande et potaige de Karesme.

❡ Commancement de poisson cuyt en eaue ou soit en huylle: affines amandes de vostre bouillon: prenez gingembre deffaictes de vostre laict et dresses sur vostre grain quãt il sera bouilly: et pour malades il fault du sucre. ❡ Saulce verte.

❡ Prenez du pain blanc et le mettes bouillir en vinaigre: puis puis mettez refroidir: la plus souneraine verdure est le fromẽt lautre en defaulte de fromẽt est ozeille ou raffise. Et en la saulce de la chair ce fait pareillemẽt: mais sur tout q̃ on y met vng petit de saulge et le passes en lestamine et se elle est trop aigre y mettez du vin blanc et du gingẽbre et poiure et nõ autres espices

¶ Cyne oistres.

¶ Cyne oistres eschauldes les et les laues tresbien parbouilles et frises en huylle auec oignons: affines gingembre: canelle: graine de paradis safran: prenez pain hale trempe en puree de pois ou en eaue bouillie auec vin verius et mettez tout bouillir ensemble auec les oystres.

¶ Brochetz rostis au chaudume affines gingembre: canelle: graine: safran: pain halle trempe en puree de pois: vin verius et mettes bouillir et les gettez sur vostre grain.

¶ Tartres et flans de Karesme.

¶ Pour faire tartres et flans en karesme qui auront saueur de formaige prenez tanches: lus: carpes et en especial les oeufz et lectances broyes et deffaictes en vin blanc: laict damandes et vng peu de verius et faictes cuire au feu.

¶ Chaudeau flamant.

¶ Metez vng peu deaue bouillir prnez moyeux doeufz destrepes de vin blanc bouilles tout ensemble: aucūs y mettent vng peu de verius et de pouldre.

¶ Coulis de perche cuysez en eaue gardes le bouillon broyez amandes et perches ou bouillon et vng peu de vin faictes bouillir tout ensemble et soit claret.

¶ Blanc manger.

¶ Blanc manger de chappon pour vng malade: cuysez en eaue amandes broyes les et ou bouillon faictes coulis et le faictes bouillir et soit liant et mettez pōmes de grenades qui soient au dessus du grain.

¶ Poisson deaue doulce.

¶ Lus brochetz dars barbillōs carpes aguilles alose fresche tout cuyt en eaue et en sel: māgez a saulce verde

¶ Alose salee mangez aux aulx.

¶ Lemproye.
¶ Lemproyons a la saulce comme lemproyes en paste ⁊ a la pouldre fine.

¶ Brasme soit eschauldee comme anguille: mangez la a la saulce verde.

¶ Porc de mer.
¶ Porc de mer soit fendu par le dos ⁊ soit mis en lesches en eaue prenez vin blãc ⁊ eaue du poisson: affinez gingembre: canelle: graine de paradis: poiure ⁊ vng petit de safran ⁊ les faictes bouillir et ne soit pas trop iaune.

¶ Gournaulx ⁊ rougetz.
¶ Gournaulx ⁊ rougetz cuitz en eaue ou rostis sur le gril fendus sur le dos: mangez a la saulce cameline.

¶ Maquereaux frais rostis sur le gril: mangez au sel menu a la moustarde ou au beurre.

¶ Saulmon frais cuit en vin ⁊ eaue: mangez a la cameline: le sale au vinaigre ⁊ a la ciboule qui veult ou au percil.

¶ Plye: sole: raye: lymande cuitz en eaue vin ⁊ verius molue cuyte en eaue mãgez a la iãcc: la salee a la moustarde ou au beurre.

¶ Seiches ⁊ hanons frisez aux oignons mettez y pouldre fine.

¶ Saulces non bouillies.
¶ Cameline: saulce vert: ⁊ aulx camelins: ⁊ aulx blãcs et aulx vers: harens frais.

¶ Une froide saulce a garder poisson de mer: broyes pain: percil: salmonde defaictes de vinaigre broyez de gingẽbre: canelle: poiure garingal: graine de paradis: noix muscade ⁊ vng peu de safran: deffaictes de verius ⁊ vinaigre coulez la ⁊ la gettez sur vostre poisson au

www.ingramcontent.com/pod-product-compliance
Lightning Source LLC
LaVergne TN
LVHW022207080426
835511LV00008B/1626